So viele Menschen begegnen uns i[illegible]
Wer sind sie? Was geht in ihn[illegible]
Wir können ja den Mensc[illegible]
den Kopf sehen, aber w[illegible]rin
aus – hinter der Fassade?

In diesem Buch lassen sechs Menschen – „Menschen wie Du und ich“ – hinter ihre Fassade schauen. Sie haben Tiefen und Höhen erlebt. Doch dann begegneten sie dem Einen, der alles veränderte und ihnen eine neue Perspektive und ein authentisches Leben gab …

Es war alles
nur Fassade
Sabine

Früher war es für mich total wichtig, mit allen Leuten gut klarzukommen. Ich wollte gerne bei allen gut ankommen, Freunde haben und mich nicht einsam fühlen müssen. Deshalb setzte ich immer ein fröhliches Gesicht auf, egal wie es mir ging.

Doch als ich dreizehn war, ist das leider sehr schief gegangen. Weil ich mich immer fröhlich verhielt und eine Fassade aufsetzte, kam es dazu, dass ich keine richtigen Freunde hatte und nirgendwo angenommen wurde. Eigentlich sehnte ich mich sehr nach wahrer Freude und danach, echt zu sein. Es war mir zuwider, lächelnd durch die Gegend zu laufen und gleichzeitig ganz anders zu empfinden.

Da ich in einem sehr lieben Elternhaus mit sechs Geschwistern aufwuchs, hätte man annehmen können, dass ich keinen Grund gehabt hätte, mich alleine zu fühlen. Jedoch teilte ich das, was mich beschäftigte, nie meiner Familie mit, sondern immer nur meinen Freunden. Doch dann gab es eine Phase, in der ich auch mit meinem Freundeskreis zerstritten war, weil wir Probleme miteinander hatten. Und auf einmal war ich ganz alleine. Wirklich richtig alleine. Ich hatte niemanden mehr. In der Schule waren die Pausen ein absoluter Horror, weil ich völlig alleine dastand. Ich kam mir furchtbar blöd vor und fühlte mich ganz verloren. Dieser Zustand war für mich so deprimierend, dass ich viele Abende allein in meinem Zimmer saß und weinte. Immer wieder fragte ich mich, ob mein Leben jetzt wohl für immer so bleiben würde.

»UND AUF EINMAL WAR ICH GANZ ALLEINE. WIRKLICH *RICHTIG ALLEINE.*«

Irgendwann kam eine Freundin auf mich zu, mit der ich schon länger zerstritten war. Sie lud mich zu einem Treffen ein, an dem auch andere Jugendliche teilnahmen und wo etwas über Gott erzählt wurde. Für mich war das ganz neu, davon hatte ich noch nie etwas gehört, aber ich dachte mir, dass es bestimmt nicht schaden könne, wenn ich da mal hinginge. Außerdem war die Aussicht, dass sich unsere Freundschaft nochmal beleben würde, eine schöne Motivation, es mal auszuprobieren.

Dieser Jugendabend war für mich ein sehr angenehmes Erlebnis. Viele der Jugendlichen kamen auf mich zu und unterhielten sich mit mir. Das hatte ich so lange nicht mehr selbst erlebt. Auch heute erinnere ich mich noch gern daran, wie schön ich das damals fand. Meine Freundin erzählte mir, dass sie auch in eine christliche Gemeinde ging. Das war so ein Begriff, mit dem ich gar nichts anfangen konnte. Aber nachdem für mich schon der Jugendabend eine angenehme Überraschung war, wollte ich nun auch gern mal einen Gottesdienst in dieser Gemeinde besuchen.

Dort lernte ich eine Frau kennen, deren Ausstrahlung mich sehr faszinierte. Sie machte auf mich den Eindruck, als sei sie innerlich total zufrieden. Ihre Fröhlichkeit wirkte völlig echt - kein bisschen aufgesetzt. Man merkte richtig, dass sie keinen Grund hatte, irgendetwas aufzusetzen, denn ihre Freude kam ganz aus ihrem Innern.
Ich besuchte nun regelmäßig die Jugendabende und lernte in der Zeit immer mehr über Gott. Zum Beispiel: dass Gott jemand ist, der tatsächlich eine Beziehung mit uns eingehen will! Diesen Gedanken, „Gott will etwas mit mir zu tun haben" konnte ich überhaupt nicht begreifen. Aber ich habe immer mehr darüber gelernt und vor allem habe ich diese Menschen

beobachtet, die eine für mich unvorstellbare Beziehung mit Gott hatten. Dieses Thema beschäftigte mich sehr intensiv und je länger je mehr wurde mir klar: Ich möchte diese Beziehung zu Gott auch haben. Ich will diese echte Freude in mir erleben. Ich will echt sein.

WAS AUCH IMMER DU IN DEINEM LEBEN HAST – ICH WILL DAS AUCH HABEN!

Zwar wusste ich nicht, wie ich diesen Wunsch am besten in Worte fassen konnte, aber irgendwann ging ich zu dieser Frau und sprach sie an: „Was auch immer du in deinem Leben hast – ich will das auch haben!“ Wir führten eine lange Unterhaltung. Dabei redeten wir auch über meine Unvollkommenheiten: seien es schlechte Gedanken über andere Menschen oder die Tatsache, dass ich meine Eltern öfter belogen habe. Auch über meine Fehler und den häufigen Streit mit meinen Brüdern. Das sind alles Dinge, die vor Gott nicht in Ordnung sind. Gott ist vollkommen. Er ist perfekt. Alles, was nicht genauso vollkommen ist wie er, alles Schlechte und Falsche, kann vor Gott nicht bestehen. Mir wurde klar, dass zwischen dem heiligen Gott und den sündhaften Menschen deshalb eine tiefe Kluft besteht.

»GUT. JETZT WERDE ICH ALSO MIT GOTT SPRECHEN«

Aber es gibt eine Möglichkeit, diese Kluft zu überwinden. Jesus, der Sohn Gottes, ist für meine Unvollkommenheiten, Sünden, Fehler und Macken gestorben. Durch seinen Tod hat er eine Brücke über diese Kluft gebaut. Wenn ich nun vor Gott meine Sünden zugebe und zu ihm umkehre, wenn ich das Opfer, das Jesus für meine Sünden gebracht hat, für mich annehme, sieht Gott mich als vollkommen rein an, die Kluft zwischen ihm und mir ist überwunden.

Noch am gleichen Abend wurde mir klar, was das für mich bedeutete, denn ich hatte die Antworten auf meine Fragen bekommen. Ich wusste, jetzt galt es, meine Fehler und Sünden zu bekennen. Ich musste einfach mit Gott reden. Als ich bereits im Bett lag, starrte ich die Zimmerdecke an, faltete meine Hände und dachte mir: „Gut. Jetzt werde ich also mal mit Gott sprechen!"

Dann schüttete ich vor Gott mein Herz aus und sagte ihm, wie leid mir das alles tat, was mich von ihm trennte. Mit einem Mal war ich innerlich total erleichtert und ganz erfüllt. Ich spürte regelrecht, wie das, was mich in den anderen Menschen so fasziniert hatte, nun auch in mir zu sprudeln begann. Ich spürte diese Fröhlichkeit, die nicht aufgesetzt war, sondern die Gott in mich hineingelegt hatte.

Auch heute noch bin ich von einer großen Dankbarkeit erfüllt, dass ich eine Beziehung mit Gott haben darf und dass ich nach dem Tod bei ihm im Himmel sein werde. Es ist kaum in Worte zu fassen wie glücklich, zufrieden und fröhlich mich diese Gewissheit jeden Tag aufs Neue macht.

Es gibt in der Bibel einen Vers der besagt, dass denen, die Gott lieben, alles zum Besten dienen wird. Im ersten Moment mag das unbegreiflich und unvorstellbar klingen. Für mein Leben ist dieser Vers jedoch ein starker Trost: Egal, was mir passiert, es wird mir immer zum Besten dienen. Ich habe Gott immer auf und an meiner Seite. Nichts, was auf der Welt passiert, kann mich jemals von ihm trennen.

Dass ich damals seine Liebe so erleben durfte, ist auch heute noch manchmal ganz unfassbar für mich. Ich bin für Gott so wertvoll, dass er mich sogar gerettet hat. Dieses Angenommensein, diese bedingungslose Liebe ist so schön, dass sie mich mit einer tiefen Dankbarkeit erfüllt, die mich auch heute noch zu Tränen rührt.

Und je länger je mehr bin ich davon überzeugt, dass nichts in dieser Welt genialer und wertvoller ist, als in einer persönlichen Beziehung mit Gott zu leben.

Johannes

„FRIEDEN HINTERLASSE ICH EUCH; MEINEN FRIEDEN GEBE ICH EUCH. NICHT WIE DIE WELT GIBT, GEBE ICH EUCH; EUER HERZ ERSCHRECKE NICHT UND VERZAGE NICHT!“

14.27

Sabines Geschichte als Video:
www.authentisch.tv/sabine

Ich war ein unberechenbarer Anarchist

Marc

Mein früheres Leben lässt sich in ein paar Worten zusammenfassen: Alkohol, Drogen, Okkultismus, Verlogenheit und Kriminalität! Ich war auf eine Art und Weise linksradikal, die beinahe in Terrorismus ausartete.

Schon in jungen Jahren konsumierte ich Drogen. Als ich 13 war, gründeten wir in meinem Dorf eine Gruppe, die sich mit Nazis prügelte. Es ging so weit, dass ich mit 18 schon Kontakte zu Radikalen überall in Deutschland hatte. Wir trafen uns, um Demos oder Randale zu organisieren. Währenddessen rutschte ich tiefer und tiefer in die Drogen ab und konsumierte alles Mögliche: Neben Alkohol kamen noch Haschisch, LSD, Kokain, Pillen usw. hinzu. Ich habe mir alles eingeworfen – Hauptsache, ich war dicht.

Als ich mit 19 nach Berlin ging, lernte ich dort einen Mann kennen, der in Deutschland als irischer Terrorist untergetaucht war. Mein eigener Vater starb, als ich 15 war und so wurde er für mich eine Art Ersatz-Vater, denn er verkörperte für mich all das, was ich suchte. Ich konnte sehr viel von ihm lernen – aber leider nichts Gutes. Eine ganz schlimme Tat bestand darin, dass ich einmal für eine Splittergruppe der IRA Zünder für Bomben schmuggelte. Wir versteckten sie bei uns – und ich bin Gott sehr dankbar dafür, dass die Dinger später nicht funktionierten.

»MEINE FREUNDE WAREN SO ÜBEL DRAUF – SIE HATTEN SOGAR MENSCHEN *GETÖTET*!«

Der Geist der Revolution juckte mir in den Fingern und weil ich den Eindruck hatte, dass sich hier in Deutschland sowieso nichts tat, wanderte ich nach Irland aus. Meine Freunde dort waren so übel drauf, dass sie sogar schon Menschen getötet hatten. Die Tatsache, dass Menschen für ihre Ideale so weit gingen und dafür sogar Leben auslöschten, faszinierte mich zutiefst.

Doch selbst dort, wo alles so war, wie ich es mir wünschte (Radikalität, dieses Durchgreifen bis zur allerletzten Konsequenz), konnte ich einfach nicht Fuß fassen. Schließlich schickten sie mich zurück.
Wieder in Deutschland fesselte mich eine neue Beschäftigung: Ich kam in Kontakt zu Leuten, die unter anderem Überfälle auf Drogendealer durchführten. Dann ging bei einem richtig krassen Überfall alles schief. Ich flog auf und in der Szene war mein Ruf völlig ruiniert. Weil ich auch Morddrohungen erhielt, musste ich aus Berlin weggehen.

So ging ich mit 23 zurück nach Hause. Hinter mir lag ein heftiger Drogenentzug, bei dem mir zum ersten Mal klar wurde, dass ich tatsächlich süchtig war. Immerhin verlief mein Leben nun in geregelteren Bahnen. Ich fing eine Ausbildung an und lernte Leute kennen, die mir von Jesus Christus erzählten – allerdings fand ich sie lächerlich. Ich fand Jesus lächerlich. Doch etwas von ihrem Redeschwall blieb bei mir hängen: „Wenn du Jesus kennenlernen willst, dann bitte ihn einfach. Er wird sich dir zeigen." Mich interessierte das nicht. Doch dann war ich eines Abends auf Droge.

»ICH WILL NICHTS MIT DIR ZU TUN HABEN
ICH HAB'S *NICHT ERNST GEMEINT!*
ABER ER LIEß MICH NICHT IN RUH

Ich war zu Hause und ertappte mich dabei, wie ich betete: „Jesus, Herr, wenn es dich gibt, dann zeig dich mir." Anschließend lachte ich mich selbst aus – das war nicht geplant, das wollte ich eigentlich gar nicht. Aber Gott erhörte das Gebet trotzdem. Er erhörte es auf unglaubliche Art und Weise: Es folgten Wochen, in denen kein Tag verging, ohne dass mir der Name Jesus Christus begegnete. Es war weder Weihnachten noch Ostern – aber ob ich nun den Fernseher anschaltete oder das Radio: Überall war von Jesus die Rede. Auf der

Straße sprachen mich Leute an. Ein Mann kam auf mich zu und nahm mich in den Arm: „Junge, du brauchst Jesus!" Einmal nahm ich ein Stückchen Papier vom Boden auf und darauf stand ein christlicher Text. Der Name Jesus war einfach überall. Es war, als würde er mich verfolgen. So sagte ich schließlich: „Ich will nichts mit dir zu tun haben! Ich hab's nicht ernst gemeint!"Aber ER ließ mich nicht in Ruhe.
Eines Tages saß ich im Zug. Dort lernte ich jemanden kennen, den ich gar nicht kennenlernen wollte. Ich nahm ihn mit nach Hause, obwohl ich ihn nicht mit nach Hause nehmen wollte. Ich hörte mir von ihm eine Geschichte an, die ich mir nicht anhören wollte.

»ICH WUSSTE PLÖTZLICH: JESUS IST GOTT! GOTT IST REAL.«

Mir war klar, dass er gleich davon erzählen würde, wie Jesus sein Leben verändert hat. Ich wollte es nicht hören …
Doch als er dann den Namen Jesus Christus sagte, war es mir, als würde ein Blinder sehend. Wie es in der Bibel steht. Die Schuppen fielen von meinen Augen. Es war gewaltig! Ich wusste plötzlich: Jesus ist Gott! Gott ist real.
Am nächsten Morgen saß ich in einem Sessel und dachte über mein Leben nach. Gott und ich – wir passten nicht zusammen. Wir waren zu weit auseinander. In diesem Raum, in dem außer mir kein anderer war, wurde ich plötzlich gepackt und auf die Knie gedrückt.
Ich öffnete den Mund und erzählte alle meine Sünden, alles Schlechte, was ich getan habe. Die Überfälle. Die Schläge. Die Lügen – ich habe so viel gelogen! Alles habe ich bekannt. „Und wenn ich was vergessen habe, Herr, dann vergib mir das auch."
Daraufhin geschah … nichts. Kein besonderes Gefühl. Nichts. Ich brachte meinen Gast zum Bahnhof und setzte mich selbst in einen Zug. Und dann liefen mir plötzlich Tränen die Wangen hinunter. Während der gesamten Zugfahrt habe ich geheult. Geheult. Geheult.

Es gab nur einen einzigen Gedanken: „Pures Glück! Wie gnädig ist Gott. Dass er selbst mir vergibt. Mir, dem Sünder!"

Das war gewaltig! Das habe ich wirklich so erlebt. Die Bibel ist wahr. Gott hat die Welt so sehr geliebt, dass er seinen einzigen Sohn gab; damit jeder, der an ihn glaubt, nicht verloren geht, sondern ewiges Leben hat. Ich konnte an Jesus glauben und Gott hat mir alle meine Sünden vergeben.

Von da an bewirkte Gott in mir eine erstaunliche Veränderung. Früher habe ich alles abgebrochen: die Schule und die Ausbildung. Doch jetzt konnte ich das Fachabitur nachholen, dann folgte eine Ausbildung und noch eine zweite Ausbildung. Das war wirklich gewaltig für mich. Ich bekam eine wunderbare Frau. Eine Familie. Wunderbare Kinder.

Und vor allem ein Ziel im Leben: Für Gott zu leben.

Mein Leben gehört jetzt ganz dem, der mich gerettet hat. Seit fast 12 Jahren darf ich nun für Gott leben. Das bedeutet für mich: Wahre Freude. Echte Erfüllung. Dass Gott sich herablässt, mit uns Menschen zu leben. Mit mir. Das begeistert mich. Ich darf Ihm dienen, das ist das größte Wunder und gleichzeitig die größte Freude. Bürde, Last und schönstes Verlangen gleichzeitig …

Jetzt bist Du dran! Bitte denk über Jesus nach. Du siehst ihn nicht. Aber er ist real. Er hat mich gepackt, dafür bin ich ihm für immer dankbar. Lass Dich doch auch von ihm packen …

Johannes

FRIEDEN HINTERLASSE ICH EUCH; MEINEN FRIE-
EN GEBE ICH EUCH. NICHT WIE DIE WELT GIBT,
EBE ICH EUCH; EUER HERZ ERSCHRECKE NICHT
UND VERZAGE NICHT!“

14.27

Marcs Geschichte als Video:
www.authentisch.tv/marc

Immer gut drauf. Aber ... drin?

Andrea

Eins war mir klar – ich wollte nie so werden, wie viele Christen um mich herum. Sie kamen mir langweilig, freudlos und grau vor, als hätten sie gar keine Freude am Leben. Es war deshalb nie ein Ansporn für mich, so zu werden wie sie.

Allerdings haben die Christen in meinem Umfeld auch nie versucht, mit mir gut klarzukommen. Ich war lustig, temperamentvoll, fröhlich und lachte viel – und sie schienen mir einfach ganz anders. Sie kamen mit mir nicht zurecht und ich auch nicht mit ihnen.
Trotzdem wusste ich immer, dass es Gott gibt, dass er mich sehr liebt und die Welt erschaffen hat. Auch war mir bewusst, dass Gott der Herr meines Lebens sein wollte. Dieses Wissen hat mich jedoch nie so tief berührt, dass ich dafür etwas in meinem Leben geändert und Gott diesen Platz zugestanden hätte. Schon gar nicht als Teenager.

Ich wurde als älteste Tochter in eine Familie geboren, in der Jesus eine große Rolle spielte. Das Elternhaus meiner Mutter war sehr fromm, das meines Vaters war das Gegenteil: In seiner Familie gab es erhebliche Alkoholprobleme und sein Vater und einer seiner Brüder sind sehr früh an den Folgen der Alkoholsucht gestorben. Heute bin ich dankbar, dass mein Vater damals Jesus als seinen Herrn und Erlöser angenommen hat, wodurch sein Leben radikal verändert wurde. So war Jesus in unserer Familie immer sehr gegenwärtig. Wir hörten die biblischen Geschichten, wir beteten viel in der Familie und gingen regelmäßig zu christlichen Veranstaltungen. Jesus gehörte zu meinem Alltag. Trotzdem: Nichts von all dem, was ich erlebte, brachte mich letztendlich dazu, das Leben meiner Eltern oder anderer Christen um uns herum selbst so leben zu wollen.
Mit zunehmendem Alter wurde der Unterschied meiner Lebenseinstellung im Vergleich zu der meiner Eltern immer mehr zu einem Problem.
Niemand in meinem Freundeskreis hatte etwas mit dem Glauben zu tun. Man ging auf Partys und hatte schon früh Liebesbeziehungen. Mein Lebensinhalt bestand damals aus Schminken, Klamotten und Tanzen. Doch ich wurde älter und irgendwann konnte ich nicht länger ignorieren, dass dieser Lebensstil in mir nur einen faden Geschmack hinterließ. Innerlich gab es nur Leere. Weil meine Beziehungen nur oberflächlich waren, wurde mein Inneres nicht berührt.

»NICHTS ÄNDERTE SICH. ICH ÄNDERTE NICHTS. DAS KANN DOCH IM LEBEN NICHT SCHON ALLES GEWESEN SEIN?«

Geändert hatte sich nichts. Auch ich änderte nichts. Einzig meine innere Unzufriedenheit wurde stetig größer, denn ich wusste: das hier kann nicht alles gewesen sein. Das darf einfach noch nicht alles gewesen sein.

Trotzdem machte ich weiter wie bisher. Irgendwann hatte ich meinen ersten Freund und war furchtbar verliebt. Meine Eltern erlaubten mir diese Beziehung nicht, also trafen wir uns heimlich. Als mich mein Freund eines Tages nach der Schule noch ein Stück nach Hause begleitete, gingen wir gerade durch ein lichtes Waldstück, als ich mit Entsetzen sah, dass mein Vater auf uns zukam. Ich wollte nur weg, in den Boden versinken, denn ich wusste, wie traurig es meinen Vater machen würde, mich mit meinem Freund zu sehen. Verstecken war zwecklos. Mein Vater kam auf uns zu, wechselte ein paar Worte mit uns und ging weiter. Er schien völlig unberührt. Später bekam ich dafür jedoch Hausarrest. Auf diese Weise versuchten meine Eltern, die Dinge zu regeln – erfolglos!

Als ich älter war, begann ich eine Ausbildung. Mein Leben hatte sich zu dieser Zeit zwar etwas beruhigt, innerlich war ich aber immer noch leer.

Mein Vater war Vorsitzender des CVJM (Christlicher Verein junger Menschen) und weil auch meine Brüder im CVJM sehr aktiv waren, gingen bei uns ständig Mitarbeiter und viele junge Leute ein und aus. Irgendwann kam da einer, der einfach anders war. Er war offener und lockerer. Er war einer, dem man anmerken konnte, dass er Jesus lieb hatte, dass er von ihm begeistert war und gar nicht den Mund über ihn halten konnte. Einer, der schon morgens beim Aufstehen strahlte und den es auch nicht gleich aus der Bahn warf, wenn er mal Stress hatte.

Und: Er redete mit mir. Alle anderen wussten, dass ich das schwarze Schaf in der Familie war und ließen mich zum Glück möglichst in Ruhe. Aber dieser junge Mann redete mit mir. Es war für mich ganz toll, ihn kennenzulernen. Diese Begegnung weckte in mir ein neues Interesse und nun wollte ich noch mehr Menschen dieser Art kennenlernen. Menschen, die ihren Glauben auf eine Art auslebten, die man spüren konnte. Deshalb nahm ich mir vor, öfter zu christlichen Veranstaltungen zu gehen. Es kam aber ganz anders.

ICH RIEF MEINE MUTTER AN – SIE WAR TOTAL VERSTÖRT. ALS SIE DANN SAGTE, WAS LOS SEI, STOCKTE MIR DER ATEM ...

Meine Eltern haben uns immer sehr behütet, sodass ich noch mit 17 nicht allein im Dunkeln gehen durfte. Es war üblich, dass wir kurz telefonierten und uns auf halbem Weg trafen. An jenem Tag rief ich meine Mutter an und merkte, dass sie total verstört war. Als ich fragte, was los sei, erzählte sie mir stockend, dass Hansi, der junge Mitarbeiter, der mich so faszinierte, auf dem Weg nach Hause mit dem Auto tödlich verunglückt sei. Ich wollte es nicht wahrhaben und sagte, es müsse doch etwas zu tun sein, man könne ihn da doch rausschneiden, er müsse doch zu retten sein, die Medizin sei doch so weit. „Nein", sagte meine Mutter, „der Hansi ist tot." Ich merkte, dass meine Gedanken nicht zulassen wollten, dass Hansi tot war. Gerade er. Warum? Ich verstand gar nichts mehr ...

Doch mit einem Mal wurde mir völlig klar: Auch wenn es 30 Jahre her ist, weiß ich noch genau, wie ich bei einigen Freunden stand und dann mit dem Rücken an der Wand hinunter rutschte. Ich sah einen inneren Film ablaufen: Hansi stand vor Jesus, der ihn in die Arme nahm und sich freute, dass er da war. Und Hansi freute sich auch. Er war nicht traurig, weil er nicht mehr hier war, sondern er freute sich. Als sei das, was er dort sah, das Erstrebenswerteste auf der Welt. Jesus nahm ihn in den Arm und die beiden gingen weg. Und dann stand ich vor Jesus und er sagte zu mir: „Du wolltest mich in deinem Leben nicht kennen. Es tut mir leid, jetzt kann ich dich auch nicht kennen." Dann ging er weg. Plötzlich war es, als würde es mir wie Schuppen von den Augen fallen. Ich wusste, was ich zu tun hatte.

Ich wusste, wenn ich hier in meinem Leben keine Beziehung zu Jesus haben will, wird er auch nach meinem Tod nichts mit mir zu tun haben. Aber ich wollte nicht in die Hölle gehen. Das war mir ganz klar. So zog ich mich zurück und verbrachte viel Zeit allein in meinem Zimmer. Die Scham war zu groß. Schon immer war mir bewusst, dass Jesus für mich gestorben war. Das hatte ich in meinem Leben so oft gehört. Doch es ließ mich unberührt. Aber jetzt hatte ich den Eindruck, dass noch jemand sterben musste, damit ich es endlich kapierte – und ich habe mich so geschämt …

Am nächsten Tag beendete ich nach fast zwei Jahren die Beziehung zu meinem Freund. Ich wusste, so kann es nicht

»MUSSTE DENN NOCH JEMAND STERBEN, DAMIT ICH ES ENDLICH KAPIERE?«

Nº 50

funktionieren. Bisher war es immer ein bisschen Gott und ganz viel mein eigenes Leben. So konnte es nicht weitergehen. Mein Freund konnte meine Erklärungsversuche überhaupt nicht verstehen. Aber Gott sollte ab jetzt der Herr meines Lebens sein, und ich wusste, dass diese Beziehung nicht dem Willen Gottes für mein Leben entsprach. So trennten wir uns unter Tränen, denn ich hatte ihn ja auch gemocht.

Dann kam der Tag der Beerdigung. Meine Eltern hatten bis dahin gar nicht mitbekommen, was mit mir los war. Sie waren viel zu sehr mit sich selbst beschäftigt. Meine Brüder merkten auch nichts, sie waren erst fünfzehn. Auf der Beerdigung merkten die anderen jungen Leute, die ich bisher nie wahrgenommen hatte, dass etwas in mir vorging und sie sprachen mich an. Daraufhin erzählte ich ihnen davon, dass ich ab jetzt Jesus nachfolgen wollte, worüber sie sich sehr freuten. Zurück zu Hause sprachen mich nun auch meine Eltern darauf an. So standen wir im Wohnzimmer zusammen, weinten gemeinsam und redeten darüber. Sie freuten sich sehr über meine Entscheidung.

Das ist nun fast dreißig Jahre her. Aber immer noch kann ich mir nichts Besseres vorstellen, als mit Jesus zu leben. Mit ihm ist mein Le-

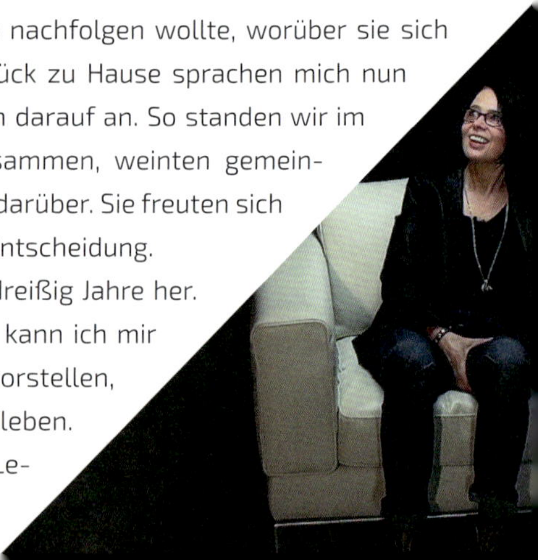

ben reich. Jesus ist der, der meine Persönlichkeit prägt und mein Wesen ausmacht. Alles, was ich bin, bin ich durch ihn. Das, was ich lebe, lebe ich durch ihn. Und jeder Tag ohne ihn scheint mir sinnlos zu sein. Es gab für mich viel zu lernen, denn ich hatte mir in den Jahren zuvor viel zugemutet. Es gab viele Verletzungen und oft bin ich auch gestolpert. Aber Jesus war immer da und hat mir jedes Mal geholfen, wieder zurechtzukommen.

Heute bin ich selbst Mutter und kann nachempfinden, wie es meinen Eltern damals mit mir ergangen ist. Ich hoffe und bete, dass meinen Kindern die Umwege, die ich gegangen bin, erspart bleiben. Jesus ist der Weg, die Wahrheit und das Leben. Er ist der beste Weg – und der einzige Weg zu Gott.

Matthäus 16.25

WER SEIN LEBEN RETTEN WILL, DER WIRD ES VERLIEREN; UND WER SEIN LEBEN VERLIERT UM MEINETWILLEN, DER WIRD ES FINDEN!“

Andreas Geschichte als Video:
www.authentisch.tv/andrea

Erfülltes Leben – das wollte ich!

Mit meinen Eltern bin ich 1989 aus Russland nach Deutschland gekommen. Die erste Zeit war für meine Eltern sehr turbulent und schwierig, und ich hatte keine besonders gute Beziehung zu ihnen. Schon mit knapp 19 Jahren bin ich deshalb von Zuhause ausgezogen.

Während dieser Zeit lernte ich meine Frau kennen und wir waren uns sehr schnell einig, dass wir heiraten wollten. Da war meine Frau 18 und ich 19 Jahre alt. Wir freuten uns auf ein eigenes Leben, unabhängig von den Eltern, das wir nach unseren eigenen Vorstellungen gestalten wollten.

Anfangs lief in unserer Ehe alles reibungslos. Wir verstanden uns gut, hatten einen großen Freundeskreis, haben Party gemacht und waren viel unterwegs. In unseren Augen ging es uns super, es gab nichts, über das wir uns hätten beklagen können.

Es dauerte aber nicht allzu lange, bis uns klar wurde, dass dieser Lebensstil uns nicht das geben konnte, wonach wir uns eigentlich gesehnt hatten oder was wir uns am meisten wünschten. So war es unser großer Wunsch, Kinder zu bekommen, aber es schien einfach nicht zu klappen. Schon bald erhielten wir die Diagnose, dass wir wohl niemals eigene Kinder haben könnten. Diese Nachricht war für meine Frau und mich ein herber Schlag. Bis dahin hatten wir uns stets über alles ausgetauscht und miteinander geredet, doch mit einem Mal hatten wir uns immer weniger zu sagen und wir entfernten uns zunehmend voneinander.

Die Kinderlosigkeit hat mich so fertig gemacht, dass meine Unfähigkeit, darüber zu reden, einen Keil in unsere Beziehung trieb. Im Rückblick sehe ich, dass ich zu jener Zeit eine depressive Phase durchgemacht habe, die gut ein Jahr an-

»ICH SAH *KEINEN SINN MEHR* UND DACHTE SOGAR AN SELBSTMORD.«

hielt. Ich konnte keinen Sinn mehr in meinem Leben erkennen und dachte sogar an Selbstmord. Damals hat ein guter Freund von uns sein Leben Jesus anvertraut, und er lud uns daraufhin ein, mal einen Gottesdienst in seiner christlichen Gemeinde zu besuchen. Mich hat das jedoch überhaupt nicht interessiert, und so habe ich die Einladungen immer freundlich aber bestimmt ausgeschlagen. Anfangs war meine Frau derselben Meinung, aber nach einiger Zeit wurde sie offener dafür und schließlich sagte sie, dass unser Leben ohnehin nicht gut laufen würde und wir nichts zu verlieren hätten. Und so folgten wir doch der Einladung und sahen uns einen Gottesdienst an.

Was wir dort erlebten, war ganz neu und anders für uns. Die Art, wie die Menschen uns dort begegneten, war ganz besonders. Kurz: alles, was mir bisher im Leben fehlte, habe ich dort in dieser Gemeinde sehen können. Die anderen Menschen waren freundlich und strahlten förmlich – ich konnte sehen, dass sie Freude am Leben hatten. In meinem Leben gab es diese Freude nicht, aber ich wusste, dass ich immer nach ihr gesucht hatte. Dieser Abend hat uns beiden so gut gefallen, dass wir von nun an immer wieder den Gottesdienst besuchten. Wir wurden dort von den Leuten ganz toll aufgenommen und schon nach kurzer Zeit bildeten sich erste Freundschaften. Irgendwie wurde in unserem Leben plötzlich alles umgekrempelt.

»SCHATZ, ICH HAB MEIN LEBEN *GOTT ÜBERGEBEN*« ICH WAR GANZ GEPLÄTTET

In den Gesprächen wurde uns bewusst, dass diese Menschen ihre Freude und ihre Kraft aus der Bibel, dem Wort Gottes, schöpften. Mein Interesse war geweckt. Ich kannte zwar die Bibel, aber dass man aus ihr und durch sie Freude im Alltag erleben konnte, war mir neu.

Nach einiger Zeit hatte meine Frau eine schlaflose Nacht hinter sich und am nächsten Morgen sagte sie mir:

„Schatz, ich hab mein Leben Gott übergeben." Ich war ganz geplättet. Einerseits freute ich mich sehr für sie, doch andererseits hatte ich noch eine gewisse Skepsis darüber im Herzen, ob Gott ein Leben wirklich ändern konnte. Aber von da an konnte ich erleben, wie sich meine Frau veränderte: Zu meiner Überraschung wurde sie geduldiger und offener für Gespräche.

Eines Tages brach ich mir beim Fußballspielen den großen Zeh, wurde krankgeschrieben und hatte plötzlich viel Zeit. So verbrachte ich die erste Woche zu Hause damit, in der Bibel und in christlichen Büchern zu lesen, die mir Freunde ausgeliehen hatten. In dieser Situation arbeitete Gott an meinem Herzen, es tat sich etwas in mir und ich musste raus, spazieren gehen. So humpelte ich zu einem See in der Nähe. Dort gab es in einiger Entfernung eine Bank und ich setzte mir ein Ultimatum: Dort an der Bank werde ich mein Leben Jesus geben.

»ALS GOTT MIR MEINE SÜNDEN VERGAB, WAR DAS DER GLÜCKLICHSTE MOMENT MEINES LEBENS«

Der Weg zu dieser Bank, der Weg zu einem neuen Leben mit Gott, war jedoch kein Freudenlauf, sondern ein Kampf, denn ich konnte förmlich spüren, wie in meinem Innern zwei Mächte um meine Seele kämpften. Ich humpelte weiter und noch kurz vor der Bank dachte ich: „Das hat doch alles keinen Sinn, was machst du überhaupt hier? Du nimmst das doch gar nicht ernst genug, das wird niemals klappen!" Doch ich lief weiter gegen diese Zweifel an. Endlich saß ich auf der Bank und dort sagte ich Gott alles: Ich bekannte ihm meinen Unglauben und meine Sünden. Ich bat ihn darum, in mein Leben zu kommen und gab ehrlich zu, dass ich keine Ahnung hatte, wie mein Leben nun weitergehen würde. Ich wusste nur eines: Gott allein kann meinem Leben den richtigen Sinn geben. Und dieser Moment, als Gott mir alle meine Sünden vergab, war wohl der glücklichste Moment meines Lebens.

Als ich wieder zu Hause angekommen war, habe ich meiner Frau alles berichtet und wir haben uns gemeinsam sehr darüber gefreut.

Viele Sünden, die ich in meinem Leben getan hatte, wollte ich aber nun wiedergutmachen. So schrieb

ich zum Beispiel einen Brief an die GEZ (Gebühren-Einzugs-Zentrale) und gab zu, dass ich bisher noch nie meine Rundfunk-Gebühren entrichtet hatte. Sie müssen sich bei der GEZ wohl sehr gewundert haben. Kurze Zeit später kam dann die Rechnung über die Gebühren der letzten 10 Jahre, die ich dann auch gern bezahlte.

Allerdings läuft noch immer nicht alles glatt in meinem Leben. Wir haben noch immer keine Kinder und die Probleme, die wir hin und wieder deswegen haben, sind immer noch da. Aber meine Frau und ich wissen, dass Gott keine Fehler macht. Es gibt einen Vers in der Bibel, in dem es heißt: „Denn der Gerechte fällt siebenmal und steht wieder auf, aber die Gottlosen versinken im Unglück." Ich bin so froh, dass ich in Gottes Augen nun ein Gerechter bin. Nicht, weil ich so ein guter Mensch bin, sondern weil Gott mich jetzt durch das Opfer von Jesus Christus als gerecht und „reingewaschen" ansieht. Ich sündige immer noch, aber ich darf immer wieder aufstehen und zu Gott kommen. Ich darf Freude erleben, denn der Sinn meines Lebens ist nun nicht mehr die Erfüllung vergänglicher Wünsche, sondern ein Leben für Gott.

Sprüche

DENN DER GERECHTE FÄLLT SIEBENMAL UND
TEHT WIEDER AUF, ABER DIE GOTTLOSEN STÜR-
ZEN NIEDER IM UNGLÜCK.“

24:16

Peters Geschichte als Video:
www.authentisch.tv/peter

Enttäuscht. Ver-letzt. Betrogen.

Sunny

Wenn du sechs Monate lang betrogen worden bist, machst du dich auf die Suche nach jemandem, dem du 100-prozentig vertrauen kannst …

Ich heiße Sunny und bin glücklich verheiratet. Wir haben einen Sohn. Er heißt Levi. In einem christlichen Elternhaus wuchs ich auf und wurde von meinen Eltern im christlichen Glauben erzogen. Wir haben zusammen gebetet, viel gesungen und sind sonntags in den Gottesdienst gegangen. Obwohl ich keine Geschwister hatte, fühlte ich mich nie alleine, denn in unserer Familie waren immer bis zu vier Pflegekinder untergebracht. Es mangelte mir also nicht an Spielgefährten. Meine Eltern haben auch immer viel mit mir unternommen und ich durfte viel erleben. Meine Kindheit bezeichne ich als wirklich glücklich.

Mit 16 merkte ich, dass es zwischen meinen Eltern ziemlich kriselte. Sie stritten viel und die Stimmung war schlecht. Eines Tages eröffnete mir meine Mutter, dass sie sich scheiden lassen würden. Für mich als Teenager war das eine Katastrophe. Es war, als hätte mir jemand den Boden unter den Füßen weggezogen.

Damals fing ich eine Ausbildung zur Schuhfachverkäuferin an. Es machte mir große Freude, die Menschen zu bedienen, mit ihnen zu reden und sie einfach glücklich zu machen. Aber dennoch konnte mich diese Freude nicht voll und ganz erfüllen und mein Hunger nach Liebe blieb ungestillt.

Dann lernte ich einen jungen Mann kennen und glaubte, in ihm diese Liebe gefunden zu haben. Leider hielt mein Glück nicht lange, denn er verbrachte viel Zeit mit Computerspielen. Wenn er ein Spiel nicht gewann, wurde er mir gegenüber handgreiflich. Für mich war das sehr schlimm und ich konnte mit dieser Situation überhaupt nicht umgehen. Nach kurzer Zeit war mir klar, dass ich so nicht weitermachen konnte, und so trennte ich mich von ihm.

Die Sehnsucht nach Liebe war immer noch da, also begab ich mich auf die Suche: Ich tauchte noch mehr in die Partyszene ein und ging immer häufiger in Discos. Meine Sehnsucht nach Liebe, Anerkennung und allem, was damit zu tun hatte – kurz: meine Sehnsucht nach Männern – wurde immer größer. So lernte ich meine nächste Liebe kennen und dachte: „Wow, der Typ wird mir jetzt alles geben, wonach ich mich sehne. Jetzt wird alles gut." Doch auch dieses Glück war nicht von langer Dauer. Immer wieder versuchten andere, mich vor dieser Beziehung zu warnen, aber ich wehrte ab und gab vor, dass alles in Ordnung sei.

Ich wollte einfach glücklich sein und nichts hören, was mein Glück in Gefahr gebracht hätte. Irgendwann konnte ich nicht mehr länger wegsehen und ich musste mir eingestehen, dass etwas nicht stimmte: Mein Freund ging fremd. So trennte ich mich auch von diesem Mann und weil keine Liebe mehr da war, ging mir jeglicher Halt verloren.
Einige Zeit später hatte ich einen sehr schweren Autounfall. Die völlige Genesung dauerte lange und so war mein Partyleben vorerst auf Eis gelegt. Während jener Zeit rief mich immer wieder eine Freundin an und lud mich ein, doch mal zu einer besonderen Veranstaltung zu gehen. Sie sagte, da würde jemand von Jesus erzählen. Doch da wollte ich nicht hin, denn für Jesus war in mir kein Platz. Heute bin ich sehr dankbar dafür, dass diese Freundin nicht aufgab und mich immer wieder einlud. Irgendwann ging ich dann doch mit. An jenem Abend erzählte dort ein Mädchen aus ihrem Leben: Wie sie sich nach Liebe gesehnt hatte und schon so oft enttäuscht worden war. Ich konnte mich in ihrem Bericht total wiedererkennen. Was mich aber wirklich fesselte, war die Aussage, dass nur Jesus ihr diese Liebe schenken konnte. Darüber musste ich immer wieder nachdenken. Kurz darauf wurde ich zu einer christlichen Freizeit nach Holland eingeladen. Dort merkte ich, dass alle Teilnehmer etwas ausstrahlten, was ich selbst gar nicht kannte: Ruhe, Zufriedenheit und Liebe. Ich genoss die Gemeinschaft mit ihnen. Sie lasen in der Bibel, es wurde viel gesungen und

die Stimmung war sehr schön. Begeistert kam ich von der Freizeit nach Hause und erzählte meiner Mutter und ihrem Freund von dem, was ich erlebt hatte. Ich zeigte ihnen ein kleines Neues Testament und sagte: „Das müsst ihr lesen! Das macht wirklich glücklich!" Ich war völlig euphorisch, doch meine Mutter meinte nur, ich solle damit aufhören. Ich ließ mich nicht abbringen und versuchte, meine Begeisterung mit ihr zu teilen. Aber sie wollte nichts hören und sagte, wenn ich nicht endlich damit aufhöre, solle ich meine Sachen packen und gehen.

MEIN FREUND HATTE MICH *BETROGEN*. MIR GING JEGLICHER *HALT VERLOREN*

»JESUS,
WENN ES DICH
WIRKLICH GIBT,
MUSST DU DICH
ZEIG... OH!«

So ging ich in mein Zimmer, packte meine Sachen, stieg anschließend in mein Auto und fuhr weg, ohne wirklich zu wissen, wie mein Leben jetzt weitergehen würde. „Was mache ich denn jetzt?", fragte ich mich. „Ich wollte diesen Jesus doch so gern kennenlernen!" Dann fiel mir ein, dass den Leuten auf der Freizeit das Beten sehr wichtig war, also betete ich jetzt auch: „Jesus, wenn es dich wirklich gibt, dann musst du dich zeigen." Im selben Moment meldete mein Handy eine SMS, in der stand: „Egal was passiert, du kannst dich jederzeit melden." Mir war das ganz komisch. Hatte Jesus mir eine SMS geschickt? Ich betete erneut: „Jesus, ich kann jetzt nicht glauben, dass du mir so geantwortet hast. Wenn es dich wirklich gibt, dann zeig dich noch einmal." Wieder kam eine SMS: „Egal was ist, auch wenn zu Hause alles kaputtgeht, bin ich für dich da. Du musst dich nur melden!" Ich rief den Absender zurück. Am anderen Ende der Leitung war eine Frau, mit der ich mich auf der Freizeit sehr gut verstanden hatte und mit der ich mich dort oft unterhalten konnte. Sie bot mir noch einmal an, bei ihr vorbeizukommen. Da mich ja nichts aufhielt, machte ich mich auf den Weg zu ihr. Dort angekommen sagte ich, dass ich Jesus kennenlernen wollte und dass ich das Bedürfnis hatte, ihm alles zu erzählen. Und so machte sie mir noch einmal Mut, wirklich alles, was mich beschäftigte, vor ihm auszuschütten.

Da packte ich vor ihm aus: Alles, was ich in meinem Leben falsch gemacht hatte. Dass ich nach Liebe suchte, die ich nie fand, weil ich sie am falschen Ort vermutete. Ich gab meine Fehler zu und die Verletzungen, die ich anderen Menschen zugefügt haben musste. Ich bekannte ihm einfach meine ganze Schuld. Ich dankte ihm dafür, dass er für meine Schuld gestorben ist und dass er sie völlig wegnehmen wollte. Dieses Gefühl war einfach genial: noch während ich betete, konnte ich spüren, wie alle Last von mir abfiel. Jesus hat mich von allem befreit. Er hat dafür bezahlt. Nun war der Weg frei, seine wahre und reine Liebe in mir zu spüren.

In meinem Leben hat sich in den darauffolgenden Wochen sehr viel verändert. Ich durfte eine kleine und sehr gemütliche Wohnung finden, die Jesus mir förmlich geschenkt hat. Einige Jahre später durfte ich meinen lieben Mann heiraten, der Jesus genauso lieb hat wie ich. Das war für mich eine riesige Freude. Dann wurde unser Levi geboren. Irgendwann hat auch meine Mutter Jesus angenommen und unsere Beziehung wurde wieder hergestellt. Dafür bin ich sehr dankbar.

Jetzt habe ich die ganzen schönen Sachen aufgezählt, aber es gibt auch traurige Erlebnisse: So habe ich durch Fehlgeburten drei meiner Kinder an Jesus zurückgeben müssen, doch er hat mir im Gebet die Kraft geschenkt, damit umzugehen. All das, was mir die Menschen nicht geben konnten – diese Liebe, Geborgenheit, Ruhe und Zufriedenheit – durfte ich in Jesus finden.

„WENN WIR UNSERE SÜNDEN BEKENNEN, IST ER TREU UND GERECHT, DASS ER UNS DIE SÜNDEN VERGIBT UND UNS REINIGT VON JEDER UNGERECHTIGKEIT."

1 Johannes 1.9

Sunnys Geschichte als Video:
www.authentisch.tv/sunny

Ich war doch
ganz ok, oder?
Winfried

Ich heiße Winfried und bin 58 Jahre alt. In den siebziger Jahren war ich als Musiker viel unterwegs.

Wenn ich zu Auftritten nach Berlin reiste, rief ich immer meinen Bekannten „Gerhard" an. Dieser Gerhard war ein wilder Feger. Aufgekratzt durch das gerade beendete Konzert ließen wir es dann gemeinsam so richtig krachen, wobei Gerhard ganz klar das wildere „Party-Tier" war – dafür war ich wohl doch eine Nummer zu seriös.
Als ich nach einiger Zeit mal wieder ein Konzert in Berlin geben wollte, rief ich natürlich auch bei Gerhard an und fragte ihn: „Du, ich bin bald wieder in Berlin, machen wir nach dem Konzert wieder was zusammen?" „Ja, wir machen was", sagte Gerhard, „und zwar abends und auch am nächsten Tag." Jetzt war ich aber gespannt!

Nach dem Konzert holte mich Gerhard wie verabredet ab und brachte mich an einen Ort, wo ich in meinem ganzen Leben noch nie gewesen war. Damals hielt ich diese Menschen dort für eine „religiöse Sondergruppe", heute weiß ich, dass es einfach eine christliche Gemeinde war. Ich staunte nicht schlecht, denn Gerhard benahm sich dort so, als gehörte er dazu. Ich konnte mir das alles nicht so recht zusammenreimen, denn ich wusste ja, wie Gerhard früher drauf war. Der und fromm? Das war das Letzte, was ich mir vorstellen konnte. „Winfried", sagte er mir, „mein Leben wird jetzt ganz anders." Ich unterhielt mich dort mit ein paar Leuten, aber ich war doch sehr vorsichtig und zurückhaltend.
Gerhard wollte mich am nächsten Tag noch in den Gottesdienst seiner Gemeinde mitschleppen, aber das war mir dann doch zu viel. Ich konnte allerdings nicht leugnen, dass Gerhard durch diesen besonderen Glauben, der mir ganz unbekannt war, völlig verwandelt wurde. Von meinem damaligen Blickpunkt aus konnte ich es nur als Gehirnwäsche erklären. Allerdings war er noch genauso fröhlich und lustig wie vorher – nur fromm.
Ich komme aus einem katholischen Elternhaus und war früher in der Kirche sehr engagiert. Glaube, der Gang zur Kirche, Gebet, freitags kein Fleisch, sondern Fisch waren normale Bestandteile meines Lebens.

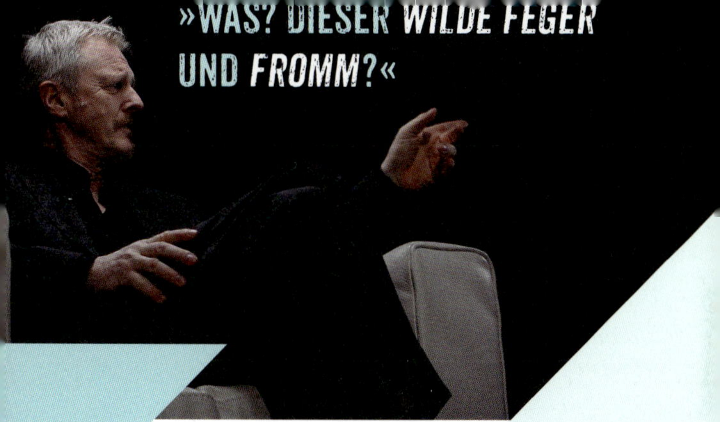

Es gab da aber einen starken Unterschied zwischen Gerhard und mir: Er hat das alles ganz persönlich genommen, er fand das toll und freute sich auf den Gottesdienst, während ich ihn früher eher abgesessen habe. Von meinem Berlin-Besuch nahm ich mir ein kleines grünes Heft mit, das „Gott persönlich kennenlernen" hieß. Was meine Freundin und ich darin gemeinsam lasen, berührte uns sehr. Ein paar Monate später haben wir geheiratet. Obwohl wir von da an immer sehr bemüht waren, im Glauben weiterzukommen, ist es uns nicht so richtig gelungen. Zur Hochzeit schenkte uns der Pfarrer eine Bibel, die wir mit auf unsere Hochzeitsreise nahmen und aus der wir uns gegenseitig Verse vorlasen, die uns besonders gefielen. Das war für uns etwas Besonderes.

Etwas Besonderes waren auch unsere Nachbarn, von denen man sich im Ort sagte, sie gehörten zu einer Sekte. Es waren sehr fromme, aber auch sehr nette Menschen. Die Tochter, die ich noch aus der Berufsschule kannte, war allen als eine fromme junge Dame bekannt, die stets Röcke trug und langes Haar hatte. Etwa einen Monat nach unserer Hochzeit luden uns diese Nachbarn zum Pizza essen zu sich nach Hause ein. Als sie vor dem Essen ein Gebet sprachen, wusste ich, dass dieser Abend ein ganz besonderer werden würde. Sie rasselten nicht einfach ein Gebet runter, sondern sie legten den Abend „in Gottes Hände". Einerseits war mir das suspekt, aber ich fand es auch schön. So unterhielten wir uns beim Essen über Glaubensdinge, und ich konnte Fragen stellen, die ich mich vorher noch nie getraut hatte anzusprechen. Dabei kam heraus: Du musst mit Jesus eine persönliche Beziehung eingehen. Ich wusste nicht so richtig, was das bedeuten würde, aber es hatte irgendwie den richtigen „Geschmack". Ich wusste: Das ist es!
Meine Frau war sofort Feuer und Flamme und zurück zu Hause hat sie noch am selben Abend Jesus ihr Leben übergeben. Das bedeutet, sie hat Jesus im Gebet gesagt, dass sie ihr Leben in seine Hände geben und mit ihm ihr ganzes Leben verbringen möchte. Ich empfand ihr Gebet als sehr extrem, denn so weit war ich einfach noch nicht. Ein paar Nächte lang konnte ich nur schlecht schlafen. Ich blätterte in der Bibel, um zu lesen, was sie darüber zu sagen hatte.

Doch nach einer Woche war auch ich so weit, mein Leben Jesus zu übergeben.
Mir wurde bewusst, dass diese Sehnsucht nach einer persönlichen Beziehung zu Gott, aufgehoben zu sein in Gottes Hand, wohl schon immer in mir vorhanden war. Als ich diesen Schritt in Gottes Arme tat, wusste ich, dass Jesus für mich ans Kreuz gegangen ist und durch seinen Tod meine Sünden ein für alle Mal auf sich genommen hat. Als ich dieses Gebet gesprochen hatte, erfüllte mich ein spürbarer und tiefer Frieden und die Gewissheit, dass ich gerettet war und mich nichts mehr von Gott trennen kann. Ich wusste, neben der Entscheidung, meine Frau zu heiraten, war das der richtige Schritt.

»EIN SPÜRBARER UND *TIEFER FRIEDEN* ERFÜLLTE MICH. UND DIE GEWISSHEIT, DASS ICH *GERETTET* WAR«

ES WAR DIE BESTE ENTSCHEIDUNG MEINES LEBENS

Voller Freude und voller neuer Glaubenserfahrungen wollte ich allen anderen Menschen erzählen, was Jesus in mir getan hatte. Das war ein schwieriger Weg, denn viele Menschen, die einfach etwas mehr Zeit gebraucht hätten, habe ich damit sehr verprellt. Bei anderen, die mich fragten, wieso ich mich so verändert hatte, traf ich auf offene Herzen. Ein großer Teil meiner Jugendgruppe hat ebenfalls festgestellt, dass dieses Leben mit Jesus das Einzige ist, was trägt.

Mein neues Leben mit Jesus begann vor fast 34 Jahren. Manchmal wache ich auf und frage mich, was wohl wäre, wenn ich diese Entscheidung nicht getroffen hätte. Umso dankbarer bin ich, dass ich jetzt mit Jesus durch dieses Leben gehen darf.

Johannes

„WER AN DEN SOHN GOTTES (JESUS CHRISTUS) GLAUBT, DER HAT EWIGES LEBEN“

3:36

Winfrieds Geschichte als Video:
www.authentisch.tv/winfried

KURZ GEFASST

Da arbeitest Du jahrelang mit einem Kollegen zusammen oder lebst Tür an Tür mit Deinem Nachbarn und dann packt der vielleicht eines Tages unverhofft bei einem Kaffee aus und erzählt Dir seine ganz persönliche Geschichte. Und überrascht stellst Du fest: „Krass, das hätte ich nun gar nicht vermutet." Man kann dem anderen eben doch nur vor den Kopf gucken! Solche ehrlichen Gespräche finden in der Regel nur unter Freunden statt.

In diesem Buch haben Menschen sich getraut, einfach mal aus ihrem Leben zu erzählen. Es sind ihre Geschichten. In manchen kann ich mich wiederfinden, in anderen nicht. Jeder von uns hat seine ganz eigene Geschichte mit seinen Abgründen und schönen Erlebnissen.

Und doch gibt es da etwas, das all diese Geschichten miteinander verbindet: Die tiefe Sehnsucht nach Liebe und Angenommensein, nach Glück und Zugehörigkeit. Die Sehnsucht nach einem guten und glücklichen Leben. Aber das Leben ist nicht immer gut! Wir alle haben unser Päckchen zu tragen.

Es läuft nicht immer alles rund. Hast Du Dich auch schon oft gefragt, warum das Leben nicht einfach immer gut sein kann? Oder warum wir nicht einfach gut sein können? Die Antwort finden wir ganz am Anfang der Menschheitsgeschichte.

Auf den ersten Seiten der Bibel wird berichtet, wie Gott uns geschaffen hat. Als er uns schuf, waren wir mit ihm in einer perfekten Beziehung. Da war Harmonie und Frieden. Alles war gut, sogar sehr gut, sagt Gott.[1] Aber dann entschied der Mensch, dass er Gott nicht mehr brauchte. Vielleicht kennst Du die Geschichte von Adam und Eva und der Schlange im Garten Eden. Der Mensch wollte lieber seine eigenen Wege gehen und sich nicht länger an Gottes Gebote halten. Und so wurde der Mensch Gott los – und damit gottlos. Diese Entwicklung war dramatisch und hatte weitreichende Folgen, denn dadurch kam es zu einem Bruch im Leben aller Menschen. Wir leben seitdem alleine, getrennt von Gott. Ohne Gott leben – das kann manchmal schon auf dieser

Erde die Hölle sein. Und wie viel schlimmer wird es sich auf eine Ewigkeit ohne Gott auswirken?

Damals im Paradies ging die Beziehung zu Gott in die Brüche. Aber wer oder was nimmt nun den Platz ein, den Gott vorher hatte? Denn eins bleibt in unseren Herzen: Diese tiefe Sehnsucht nach Erfüllung. Wir suchen nach etwas, das uns zufrieden und wieder heil machen kann. Vielleicht hoffst Du, diese Erfüllung in einem guten Job zu finden oder in einer liebevollen Beziehung, in einer Familie oder auch im Abenteuer. Vielleicht glaubst Du auch, dass „Sex, Drugs and Rock'n Roll",diese Sehnsucht in Dir befriedigen können. Aber mal ehrlich: Findest Du dort die Erfüllung all Deiner Sehnsüchte? Wartet dort wirklich das letzte Glück auf Dich?

Es funktioniert nicht! Solange wir ohne Gott ein gutes Leben in letzter Zufriedenheit führen wollen, werden wir immer Enttäuschte und Suchende bleiben. Nichts kann den Patz ausfüllen, den Gott einmal hatte. Aber wie kann das, was einst zusammengehörte und nun getrennt ist, wieder zusammenfinden? Wie kann Zerbrochenes wieder heil werden? Dabei muss ich an meine Kinder denken, die mit einem kaputten Spiel vor mir standen und fragten: „Papa, kannst du das wieder ganz machen?" Sie kamen voller Erwartung zu mir, ihrem Vater. Würde sich sie wegschicken? Natürlich nicht. Ich reparierte was zerbrochen war und konnte in

leuchtende Kinderaugen schauen, die vor Freude strahlten. Gott ist noch viel mehr wie ich ein liebender Vater!
Er ist der Vater, der heil machen möchte, was zerbrochen ist. Ihm ist es nicht egal, wie Du lebst. Darum machte er sich in Jesus Christus, seinem Sohn, auf den Weg zu uns. In Jesus wurde Gott Mensch. Ich liebe die Geschichten in der Bibel, in denen beschrieben wird, wie Jesus mitten unter den Menschen war. Wie er ihnen zuhörte und ihnen begegnete. Er war nie überfordert, er hat sich nie abgewandt und gesagt: „Diese Geschichte ist mir zu heftig, die kann ich nicht ertragen!" Oder: „... sie langweilt mich." Jesus kümmert sich um eine Frau, die von vielen zerbrochenen Beziehungen gezeichnet ist. Er begegnet Kindern und Menschen, die am Rand der Gesellschaft leben, den Kranken, den Gedemütigten und auch den schuldig Gewordenen. In seinem Herzen ist Platz für jeden mit seiner Geschichte. Er forderte die Menschen auf: **„Kommt her, ihr Mühseligen und Beladenen! Ich will euch Ruhe geben!"** [2] Ich interessiere mich für eure Geschichte. Erzählt sie mir.
Und als Jesus dann am Kreuz starb, nahm er unsere Geschichte auf sich. Er nahm das, was uns von Gott trennte, was uns zerstörte, auf sich. **Unsere Schuld lag auf ihm.**[3] Er tat das aus Liebe zu uns. Mit ausgebreiteten Armen lädt er jeden Menschen ein, zu ihm zu kommen.

[1] 1. Mose 1,31
[2] Matthäus 11,28
[3] Jesaja 53,5

Es ist mein großer Wunsch, dass die Berichte in diesem Buch Dir Mut machen, mit Deiner eigenen Geschichte zu Jesus zu gehen. Dass Du auspackst und sie ihm erzählst wie einem guten Freund. Wir nennen das Beten, mit Gott reden. Ihm sagen, was uns auf dem Herzen liegt.

Ich wünsche mir für Dich, dass Du den Mut hast, mit ihm vielleicht auch gerade über die Dinge zu reden, über die Du bisher noch mit niemandem gesprochen hast: Deine Ängste und Sorgen, Dein Versagen und Deine Schuld. Du kannst all das vor seine Füße legen – kannst ihm erzählen, wo Du Opfer warst, aber auch, wo Du zum Täter an Gott und an Menschen geworden bist. Damals wie heute verspricht Jesus, dass er sich dafür interessiert. Dass er Dir vergibt, wenn Du ihm Deine Schuld bekennst. Er verspricht Dir, dass er heilt, was verletzt wurde, was kaputt gegangen und zerbrochen ist. Bei Ihm findest Du all das, was Du gesucht hast.

Wer Jesus findet, hat das wahre Leben gefunden.

Wenn Du Fragen hast oder mit Menschen reden möchtest, die mit Jesus leben, dann kannst Du über **www.authentisch.tv** mit uns in Kontakt treten.

„Kurzgefasst" als Video:
www.authentisch.tv/kurzgefasst